SV

Peter Handke
Zdeněk Adamec

Eine Szene

Suhrkamp

Erste Auflage 2020

Druck: Pustet, Regensburg
Printed in Germany
ISBN 978-3-518-42920-4

Čest, pravda, talent a dary od
Boha
se v týdle zemi, holka, nevyplácí.
Kdo tohle má, nakonec,
jako Zdeněk Adamec,
všechno ztrácí

Lied von Pepa Nos

Ehre, Wahrheit, Talent und
Gottesgaben,
zahlen, Mädchen, in dieser Welt sich nicht aus.
Wer sie hat, wie Zdeněk Adamec,
verliert am Ende alles

Zdeněk Adamec
Eine Szene

Weiträumige Szene, mit Öffnungen nach allen Seiten, dicht bevölkert mit Feierabendleuten. Kommen und Gehen, hin und her, kreuz und quer, da und dort auch ein Zusammenstehen, ein kurzes, ein Austausch von stummen Zeichen. Ein öffentlicher Ort, eine jedermann zugängliche Lokalität, welche als Treffpunkt dient, unbestimmbarer Natur, freilich kein freier Platz, weniger Außen- als Innenraum, -räume, -elemente, möglicherweise ein ehemaliges Klosterrefektorium in der spanischen Provinz Ávila, oder wo, oder der Kleinstadt-Tanz-und-Festsaal, mit einer (leeren) Thekenecke, von Humpolec in Böhmen, oder wo. Zeit: jetzt oder sonstwann.

Mählich dann mehr Gehen als Kommen. Sich entvölkernde Szenerie. Doch nein: einige sind auf dem Plan geblieben, einer mehr vorn, eine andere eher im Hintergrund, wieder andere da, dort, rechts, links, im Licht, im Schatten, und wir alle, so oder so, im Abstand zueinander, einzeln, ein jeder für sich. Wie viele von uns sind auf der Szene geblieben? Fünf, sechs, sieben, acht, so viele, wie das Spiel, das unsrige, nötig haben wird. Mehr Männer, mehr Frauen? Was ihr wollt – jedenfalls nicht nur ein einziges Geschlecht. Junge? Alte? – Wie es euch gefällt –

jedenfalls nicht allein Junge oder Bejahrte. – Und unsere einzelnen Rollen? – Im Verlauf der Begebenheiten werden sie noch klar werden. – Und unsere Spielernamen? – Sind die Namen von uns Spielern. – Und unsere Kostüme? – Feierabendlich (oder auch nicht). – Frühlingshaft? Sommerlich? Herbst- oder winterlich? – Frühling, und Herbst, und Sommer, und Winter, je nachdem. (Als Zdeněk Adamec, 18 Jahre alt, aus Humpolec im böhmischen Hochland, sich auf dem Wenzelsplatz in Prag verbrannte, war es ein Morgen, und es war Anfang März.)

Es dauert dann einige Zeit, bis eine(r) von uns sich hören läßt, deutlich Wort für Wort, artikuliert. Vorher, wenn überhaupt ein Laut von uns kam, bloß hier und da ein Räuspern? ein Gesumm? ein Maultrommelakkord, wer weiß von wem. Jetzt aber: unser Gespräch, ein abendliches, ein nächtliches (oder zeitweise auch dramatisches), setzt ein, und ein Satz gibt in der Folge den anderen, oder auch nicht, mit Pausen dazwischen, oder auch nicht. So oder so haben wir, Einheimische, Zugereiste, Inländer, Ausländer, Junge, Ältere, samt unseren verschiedenen Akzenten etwas von späten oder letzten Gästen.

»Einer Klosettfrau verdanke ich, daß ich seinerzeit mit dem Schnapstrinken aufgehört habe. Ich war da noch nicht zwanzig, und ein älterer Freund hat mich dazu gebracht, mit ihm eine Flasche Whisky leerzutrinken. In einer öffentlichen Toilette dann, es ging nicht mehr anders, den Kopf bis zu den Schultern ins Wasser getunkt. Und hernach mit den tropfnassen Haaren ins Freie getorkelt, im Zickzack die Türpfosten gerempelt. Und dabei die Stimme der WC-Frau im Rücken, ich höre sie noch heute, so einschneidend und weitertragend wie vielleicht gerade nur Stimmen im Suff: ›Gott im Himmel, wie ist der häßlich!‹ Ja, nie wieder durfte jemand auf Erden, beim Gott im Himmel, mich so häßlich sehen!«

»Das allerletzte Gespräch in seinem Leben, bevor Zdeněk Adamec, aus Protest gegen den Zustand der Welt, auf dem Wenzelsplatz in Prag, vor dem tschechischen Nationalmuseum, sich mit Benzin übergossen und verbrannt hat, war das mit der Klosettfrau vom Prager Überlandbusbahnhof ›Florenc‹, oder wie der heißt, wo Zdeněk am Vorabend, im Rucksack nichts als Kanister und Streichhölzer, aus Humpolec angekommen ist und wo er, in einer Kabine der Bahnhofstoilette, wer weiß wie, die Nacht verbracht hat.«

»Was für ein langer Satz. Bitte, kurze Sätze!«

»Da will uns einer mit typisch tschechischen Selbstverbrennungsstories und Aktualitätenhorror das Fest verderben.«

»Wir sind hier zum Festfeiern? Was für ein Fest?«

»Weiß nicht. Das ›Fest‹ ist mir bloß so herausgerutscht. Aber jetzt: ja doch, ein Fest! Schon ewig war hier kein Fest mehr. Und ja doch: dazu sind wir da. Jetzt ist jetzt, und jetzt ist

Fest. Black is black, I want my baby back. Grün ist Grün, und Grün sogar in Brünn. Blau ist Blau, mein Baby, mach mich zur Sau. Amen, amen, Halleluja.«

»Die Geschichte vom Zdeněk Adamec ist keine typisch tschechische. Und außerdem ist sie nicht aktuell. War es schon seinerzeit kaum. Und es gibt zu Zdeněks Geschichte keinen Film, jedenfalls keinen Spielfilm, und schon gar nicht einen aus der Sparte ›nach einer wahren Begebenheit‹.«

»Wenn das so ist: zähl mich dazu. Mit wahren Begebenheiten könnt ihr mich jagen. Und lang genug nun im Leben war ich ein Gefangener all der Aktualitäten. Die eingehämmert jeden Morgen, und eingehämmert bis spätabends, und weiterhämmernd quer durch die Nacht. Und ein spezieller Hammer die lang-lang, jahrhunderte-, wenn nicht gar jahrtausendelang zurückliegenden Geschichten, die angeblich ›immer noch‹ oder gerade heutzutage aktuell sind. Der Prometheus, der sich gegen die verspielten, erdfremden Götter auflehnte, war niemals aktuell. Petrus, der seinen Herrn Jesus bis zum dritten Hahnenschrei dreimal verraten hat, ist auch bei dem heutigen Dauerverrat keine aktuelle Figur geworden. Eine immer noch aktuelle wahre Geschichte? Nein, sie ist die falsche, ist falsch oder, nein, sie ist falsch erzählt, ist gefälscht. Ich jedenfalls glaube ihr kein Wort.«

»Zdeněk Adamec hat sich verbrannt am 6. März 2003, gegen 8 Uhr am Vormittag. Er wurde geboren am … 1984 und war im Zeitpunkt seines Todes 18 Jahre, … Monate und … Tage alt. Humpolec, sein Wohnort, zählte damals 6472 Einwohner. Die Stadt liegt in einer Höhe von 586 und 672 Meter über dem Niveau des Meeres von Alicante alias des vielbesungenen Meers von Böhmen. Die Fahrdistanz zwischen Humpolec und Prag beträgt 98 Komma 4 Kilometer, alias 61 Komma 14 amerikanische Meilen. Eine Busfahrt zwischen den zwei Städten dauert zwischen 77 und 91 Minuten. Die Temperatur bei der Abfahrt des Busses am Abend des 5. März 2003 betrug in Humpolec/Vysočina, das heißt Hochland, 3 Grad, bei der Ankunft in Prag 7 Grad, und am folgenden Morgen des 6. März wurden am Bahnhof ›Florenc‹ 2 Grad gemessen. Das Ticket für die Bahnhofstoilette kostete Zdeněk Adamec 2 Komma 50 tschechische Kronen, das sind umgerechnet 0,10 Euro.«

»Auf der Rückseite welcher Kronenmünze finden sich eigentlich die Umrisse des Hradschin? Ist die Prager Burg vom Busbahnhof aus zu sehen?«

»Nein.«

»Heute morgen im Gras an einer Stelle ein Haufen von Vogelfedern, große und kleine wild durcheinander, die kleinsten nichts als Flaum, zerzauster. Von Schnabel, Kopf, Kralle keine Spur. Auch keine Blutstropfen im Schnee, pardon, Gras. Trotzdem habe ich geschaut und geschaut, bin davor gestanden, gestanden.«

»Kind Parzival!«

»Fachausdruck: ›Gewölle‹, das ist: vom Mördervogel Ausgewürgtes.«

»Seltsam, schaut doch: Draußen ist gerade ein Bus vorgefahren, ein sehr langer, mit verhangenen Fenstern, Aufschrift: Hier gebe ich mein Blut / Ici je donne mon sang / Here I leave my blood / Aquí dejò mi sangre / Tukoj pustim moj krv.«

»Was hat er sich wohl versprochen, der Zdeněk, von seiner Selbstverbrennung gegen den Zustand der aktuellen Welt? Ein Fanal für nichts und wieder nichts? Jedenfalls für nichts Bestimmtes? Dagegen seine Vorgänger auf dem Wenzelsplatz ein Vierteljahrhundert früher, Jan Palach und der andere Jan – die hatten, so vor den Augen der Welt dramatisch zu sterben, doch einen gründlichen Grund, nachzulesen für alle Zeit in allen einschlägigen Geschichtsbüchern, oder nicht?, während Zdeněk Adamec sogar in Humpolec kaum mehr als ein Gerücht ist, oder nicht?«

»Adamec, hieß so nicht ein Eishockeyspieler?«

»Adamec: in der Gegend ein eher seltener Name. Der Friedhof von Humpolec: für so eine kleine Stadt sehr groß, aber unter den tausend Steinen nur in einem einzigen eingraviert ›Adamec‹, nichts sonst als der Familienname, ohne Vornamen, und auch keine Daten.«

»Vielleicht bloß der Steinmetzname? Hast du uns denn nicht erzählt, daß Zdeněks Vater Steinmetz war? Friedhofssteinmetz? Der Grabsteinsteinmetz von Humpolec/Böhmen?«

»Es ist aber nicht wahr, daß der junge Zdeněk sich öffentlich verbrannt hat, weil er berühmt werden wollte wie, zum Beispiel, seinerzeit in Griechenland der Herakles, oder Heraklit, oder Herodot, oder wie der hieß, welcher zu diesem Zweck einen Tempel und alles, was dazugehört hat, mitverbrannte. Und ebenso ist es nicht wahr, daß der Zdeněk ein Vorläufer der aktuellen Kamikazes war, welche in ihrer Sterbenslüsternheit eine größtmögliche Zahl mit in den Tod zu reißen gieren. Der Zdeněk ist, wenn auch öffentlich, öffentlicher kaum mehr möglich, für sich allein gestorben, vollkommen allein, vielleicht, gerade indem er so vor aller Augen gestorben ist, desto vollständiger allein, im stummen Sterben noch stärker zum Himmel und in sämtliche Erdspalten schreiend allein, als zu Lebzeiten unter seinesgleichen zuhause und in der Schule. Und wahr ist auch nicht, daß der Zdeněk sich verbrannt hat aus Weltverdruß oder gar aus Hochmut. Wahr ist vielmehr, daß Zdeněk Adamec – er konnte das, als Achtzehnjähriger, nicht so recht zeigen, nicht mehr so ansteckend wie früher als Kind – herzlich gern auf der Welt war; daß er mit Friedhöfen und Grabsteinen nichts im Sinn hatte; daß er sich vor keiner Arbeit drückte, außer wenn ihn der Vater zwingen wollte, beim Grabgranitklopfen mitzuklopfen; daß seine größte Sehnsucht von Kindesbeinen war, zaubern zu können – das eine weg-, das andere herzuzaubern; und daß er sich bis fast in seine letzten Stunden gewiß war, das werde ihm, ohne Tricks, materiell, leibhaftig und aller Welt zum Segen eines schönen Tages auch gelingen. Nein, weder Hochmut noch Weltverdruß, noch gar Wahn. Woher, hört her, sonst der letzte Satz aus Zdeněks Abschiedsbrief, gerichtet nicht an Vater oder Mutter, gerichtet an eine Mehrzahl, ein Publikum, wenn nicht die ganze liebe Welt: ›Bitte, macht keinen Narren aus mir!‹«

»Woher weißt du das?«

»Ich weiß es.«

»War er das einzige Kind?«

»Ja.«

»Typisch Einzelkind.«

»Angeblich hat er auch gestohlen.«

»Erzähl.«

»Da ist nicht viel zu erzählen. Im Museum von Humpolec ist eine Etage einem großen Sohn der Stadt gewidmet, der nach Amerika ausgewandert und im Studium der Indianer zum weltberühmten Volkskundler geworden ist. Und in einem Raum dort hängt ein Kopfschmuck aus Adlerfedern. Und einmal soll Zdeněk mit solch einer Feder im Haar durch die Stadt spaziert sein. Und angeblich konnte er nicht sagen, wie denn die Feder auf seinen Kopf gekommen war.«

»Typisch Zdeněk.«

»Früher, wenn mich das Abendfernsehen über die im Lauf des Tages überall in der Welt abgehackten Köpfe, durchgeschnittenen Kehlen, aufgeschlitzten Bäuche, herausgerissenen Herzen, vergasten Lungenflügel informiert hat, ist es vorgekommen, daß ich mir, wieder und wieder, auf der Stelle selber, mit den eigenen Händen, den Kopf abhacken, und so weiter, wollte, und ein, zwei Mal war ich nah dran, das auch zu tun, ein Axthieb in den Nacken, mit dem Küchenmesser quer durch die Kehle.«

»Und jetzt nicht mehr?«

»Jetzt immer noch, und zeitweise schnellt diese Wut, mich selbst abzuschaffen, nicht als Protest, als bloßer Reflex oder Impuls – aber was für welcher! –, sofort!, sogar noch bedrohlicher los als früher – überwältigend – in dem Sinn: Jetzt tu ich's! Und am heftigsten, mich übersteigend, überpersönlich, eine globale Welle ist der Impuls, seltsam oder auch nicht, angesichts von Hinrichtungen, bei Gemetzeln von Staats wegen, obrigkeitlich angeordnet, von China über den Irak bis in die Tiefe der Vereinigten Staaten. Mich beseitigen, jetzt!, wie dieser und jene dort beseitigt worden sind! Oder wenigstens schon einmal den Stab über mich Menschen brechen, mit eigenen Händen, pars pro toto! Oder, wenn ihr wollt, in effigie!«

»Es soll mehr und mehr Leute geben, die hören, wenn ihnen beim Bleistiftspitzen eine Mine bricht, einen Halswirbel knacken.«

»Zum Glück werden weniger und weniger Bleistifte gespitzt.«

»Kennt ihr die Indianerreservatsstory, wo eine Frau in den Wehen liegt mit ihrem ersten Kind, und die Wehen dauern und dauern, und werden von Stunde zu Stunde, nachtlang, stärker und stärker, und die junge Frau, fast noch ein Mädchen, leidet immer lauter, und ihr Mann, fast noch ein Kind auch, verkriecht sich die ganze Zeit in seiner Reservatskoje hinter einem Vorhang, und als das Kind am Morgen endlich heraußen ist, gesund und heil wie die Mutter, und als der zu Hilfe gerufene Geburtshelfer den Vorhang von der Koje wegzieht, um, denkt er, den Vater zu wecken, hat der sich nicht die Kehle durchgeschnitten im Dauergeschrei und -geheul der Gebärenden?«

»Dazu fällt mir eine andere Geschichte ein, eine, die auf dem Balkan spielt. Die Hauptperson oder, wenn ich mich nicht irre, die überhaupt alleinige Person ist eine ältere Frau, unverheiratet, ohne Mann und Kinder, eine – sagt man das noch? – alte Jungfer. Sie ist – sagt man das noch? – arm, oder lebt weit hinter der Armutsgrenze, und die Geschichte dreht sich, wenn ich mich nicht irre, vor allem um des Fräuleins, der gospodična, Kleider und Stoffe. Immer fadenscheiniger werden die, und da die balkanesische Heldin sich keine neuen Sachen leisten kann, kommt, erst einmal naturgemäß, nur das Nähen, das Flicken, das Stopfen in Frage. Eine Zeitlang geht das so gut, und außerdem kann die Näherin, wie bei keiner ihrer sonstigen minimalen Tätigkeiten, schön an anderes denken. Statt der Gegenwartssorgen dank des Fadenziehens ein freies Spiel aus Erinnerung und Vorstellung und fallweise sogar ein Zusammenspiel mit Zukunftsgedanken und Zukunftsbildern, typisch balkantrügerischen. Und wenn schon:

so in ihrem speziellen Kunststopfen, mit den hundertfältigen und tausendundeinfarbigen Zwirnen aus aller Herren Länder und Reichen, gaukelt die Frau sich vor, mit der Bluse, dem Kleid, dem Tanzrock aus ihrer Mädchenzeit nicht bloß ein Land, nicht bloß den Kontinent, Europa, sondern die ganze Welt vor Augen zu haben, und als sei sie, im übrigen zunehmend rostige Flicknadeln führend als Weberschiffchen, es in Person, die an der Welt webt, und webt, und nach jedem Riß, ob Naturkatastrophe oder Krieg, allmorgendlich wieder in Ordnung webt. Mit den Jahren des Flickens dann aber, an den immergleichen und immer stärker zusammenschrumpfenden Grundstoffen: ein behobener Fadenschein zeitigt daneben einen anderen, ein zugezogener Riß einen umso klaffenderen zweiten, ein mit allen Regeln der Kunst kunstgestopftes Loch reißt im Umkreis zwischen drei und dreizehn weitere Löcher auf, und dann nicht mehr bloß so im Umkreis – nein, allerwärts im Gewebe, mit der Zeit auch an den letzten dem Anschein nach gesunden, den letzten wie unzerreißbaren und unantastbaren Stoffinseln. Ab da jeder Einstich, gleichwo, mit noch so zarter Nadel, mit dem allerseidigsten der Garne und Zwirne: ›Rtsch‹!, ein einziger Selbstlaut, ohne, slawische Spezialität, besonderen Selbstlaut. Das Tanzkleid nur noch Fetzen eines Fetzens. Aus. Ende der Geschichte. Obwohl die, oder irre ich mich?, dann noch irgendwie weitergeht. Fragt sich bloß, wie.«

»Memphis Belle ...«

»Wenn ihr mich fragt – aber mich fragt ja niemand –, von Kind auf hat mich nie jemand gefragt, nicht einmal die Mutter, und schon gar nicht der Vater – und außerdem war ich vaterlos –, und so reiße ich jetzt wie seit jeher ungefragt das Maul auf: je apokalyptischer die Nachrichten von draußen aus der Welt, desto sicherer fühle ich mich hier an Ort und Stelle – desto stärker sehe ich mich dort, wo ich gerade bin, am Platz, desto lebendiger da. Glaubt mir, oder glaubt mir nicht: Nach dem ersten Schrecken, wenn nicht Grauen: Lebensfreude schießt ein, in mich, Energie!, ausgerechnet in mich, dem man doch seit jeher vorhält, wie sehr ihm jegliche innere Kraft fehlt. Ich möchte dann unverzüglich zu tanzen anfangen, und mache manchmal auch tatsächlich einen Tanzschritt, einen kleinen, oder werfe zumindest einen Arm oder ein Bein in die Luft. Einmal, nach einem Bombenabwurf auf einen Flüchtlingszug, habe ich einen Esel auf der Weide umarmt. Einmal bin ich im ›Strafraum‹ nach dem Kopfball gesprungen – ich, der ich sonst immer Angst um meinen Kopf habe – und habe, o Wunder, den Ball nicht bloß getroffen, sondern ins Tor katapultiert. Wieder einmal –«

»Genug der Anekdoten!«

»Jedenfalls: bei jedem kleinen oder großen Weltuntergang wachsen mir Flügel. Ich denke sogar heimlich bei mir: So ist das Leben. Recht so. Endlich Ernst. Endlich die Welt schleierlos. Kraft der Kräfte, außerplanetarische, außer-, wenn nicht überirdische. Nur daß mich diese wunderbare, o wie wunderbare Kraft ein jedes Mal am Morgen nach dem Atomschlag und der darauf gefolgten anders mörderischen Tsunami-Welle wieder verlassen hat. Zurückgeworfen auf mich selbst – hat man das so nicht einmal geheißen? – ›mich selbst‹? wie bitte? was ist das? –, schleiche und schleppe ich mich danach durch den Tag und die Tage, im Bedürfnis, de profundis, psalmentief in mich eingebrannt, nach der nächsten Folge der Weltuntergangsserie, nehme dabei auch in Kauf die immer noch unregelmäßigen Sendetermine statt der, Gott oder wer geb's, hoffentlich bald regelmäßigen –«

»Und was, wenn du eines Abends oder Morgens mir nichts, dir nichts mit untergehst?«

»Das kommt nicht in Frage. Mir kann nichts passieren. Je näher rückend das Kataklysma, je realer der jeweilige Weltuntergang, je kälter oder heißer, je saurer oder schwefeliger der Luftstoß von dort, wie er mir wild ins Gesicht fährt und mir den Hals umdreht, desto gewisser mein: Mir kann nichts g'schehn.«

»Woher weißt du das?«

»Ich weiß es.«

»Long distance information, give me Memphis Tennessee …«

»Ich hier, meinerseits, so wahr wir da unter uns sind: wie ich mich doch hüte, mehr und mehr im Lauf meines langen Lebens, vor einem jeden – hört, einem jeden! – In-Sicherheit-Sein, gar dem Mich-in-Sicherheit-Wiegen, und überhaupt dem Im-Einklang-mit-mir-selber-Sein. Ah, wie ich mich hüte vor dieser Musik, diesem Rhythmus, dieser Melodie, hüte wie vor einem Höllenhund! Dabei bin ich doch besonders begabt für solche Harmonie. Sie ist mir wohl eingeboren –«

»Wenn in den Evangelien die Rede war vom Vater und seinem ›eingeborenen Sohn‹, so dachte ich damals, das heiße, der Sohn sei in den Vater eingeboren, sozusagen in ihn hinein- und aus ihm herausgewachsen, und nicht, wie es richtig heißt, der 1-geborene, der eine und einzige Sohn –«

»Und lange Zeit, wenn von einem Testament und dem ›Erb-Lasser‹ die Rede war, das sei ein anderer Ausdruck für den, überhaupt einen, gleichwelchen Verstorbenen, eine Variante für den ›Verblichenen‹: der ›Er-Blasser‹ –«

»– ist mir scheint's angeboren, solcherart Harmonie. Und ein jedes Mal, wenn sie wieder dabei ist, und jedesmal völlig ohne einen Grund, in mir – aufzuwallen, bekomme ich es zugleich mit der Angst, dazu kommt ein Ekel, erst noch ein leiser, leiser, vor mir selber, und ein Schuldgefühl, ein schleichendes. Und ein jedes Mal ist die Harmoniewelle, wie sie so unverschämt aufsteigt und sich ausbreitet aus meinem Innern, aus einer Tiefe bodenlos, stärker als all die Begleiterscheinungen. Sie siegt. Und indem sie siegt, füllt und durchstrahlt sie mich, als Einklang mit mir selber, vollkommen, als ganzen, von unten nach oben, von den Beinen in den Kopf, von innen nach außen, in dem Sinne, wie vorzeiten der-ich-weiß-nicht-mehr-wer gefragt hat, ob nicht, letztendlich, das Vollgefühl Freude und das der Vollkommenheit ein und dasselbe sind –«

»– kein einziger Spender bis jetzt draußen in den Blutspendebus gestiegen, und jetzt, schaut, fährt der Bus wieder ab, im Rückwärtsgang –«

»Vollgefühl Freude, ja! Der Strahlmoment ›Jetzt bin ich ganz!‹. Aber eben nur ein Moment. Und der nicht einmal ein Moment ist, geschweige denn einer von Dauer, gleichwelcher – bloßer Bruchteil eines Moments im Wortsinn – abbrechend, mittendrin –, aber was heißt da ›mittendrin‹? Was ›Mitte‹? –«

»– Wortklauber!«

»– Wortklauben führt zeitweise weiter –«

»– 's kommt eh bald der Komet –«

»– Diese Erfülltheit, diese Fülle –«

»– Sag's doch gleich lateinisch: ›plenitudo‹! –«

»– dieses Vollkommen-in-den-Einklang-mit-mir-selbst-Gelangen im Bruchteil eines solchen Moments zugleich als ein Mißklang, mißtönender nicht möglich – wenn auch nur von mir selber vernommen, und wieder wie zum Hohn, aus dem bodenlosesten Innern, höllenhaft. Ja, die Hölle, diese spezielle jedenfalls, stichflammt aus dem Innern –«

»– Übertreib nicht!«

»– Das ist keine Übertreibung. Und wenn, ist sie einmalig, und auch schon wieder vorbei, versprochen. Wie auch immer, hört jetzt: die Grenze beziehungsweise die Grenzlinie meiner mich vollkommen erfüllenden, id est, vollständig machenden Freude bezeichnet mir im selben Momentbruchteil zugleich die Grenzlinie zu allem zur selben Zeit wütenden Schmerz jenseits meines freudestrahlenden Ich-selbst, und da nicht allein den Schmerz des einen oder anderen Angehörigen, Freundes, Geliebten, sondern den Schmerz gleichwelcher Anderer, Unbekannter, Unfaßbarer – den namenlosen Schmerz der, wie das sonst nennen?, Menschheit, verstanden? Und in solch einem Moment sticht sie auch schon in mein harmoniegeblähtes Ich-selbst, die Große Giftige Weltnadel, und schon schrumple ich, und schon bin ich dahingeschrumpelt, unter den Milliarden all der Elendshäufchen, ein Elendshaufen, so elendig, daß es, Leute, schon gar nicht mehr schön ist. Nein, Leute, meine höchsteigene Harmonie hat mir noch keinmal den Übergang zur sogenannten Harmonie der Welt gezeigt –«

»– Harmonia mundi –«

»– vielmehr haben er, der vermeintliche Übergang, sowie der Eklat der dabei weltweit spürbaren Disharmonie mir noch jedesmal die Haut abgezogen – auch wenn die, o Wunder der Natur, immer wieder nachgewachsen ist, bis heute wenigstens. Ja, hört denn dieses Schinden und Geschundenwerden nimmer auf? Was mich angeht, so habe ich deshalb beschlossen, vor die Wahl gestellt zwischen der Fülle meiner Freude und meinem, im übrigen gewohnten inneren Tohuwabohu, Schlamassel, Kuddelmuddel, das Selbstgewühl zu wählen. Ich habe sogar gebeten, daß die trotzdem mich weiter bedrohenden Harmonien mir erspart bleiben für immer und ewig. Verschont mich, Mächte, mit meiner Freude. Macht versiegen, Himmel, den Freudenquell in meinem Innern, verstopf ihn, o Erde. Bis jetzt, zu meinem Leidwesen, unerhörte Gebete –«

»Und schaut, jetzt: Sind das neue Spiele? Ist das ein neumodischer Sport? Daß alles, was die Leute auf dem Platz draußen tun, sie bloß zum Schein tun? Eine Spielart des Schattenboxens? Der dort, der in ein Mobiltelephon redet, das es gar nicht gibt oder das eine bloße Attrappe ist? Die dort, wie sie sich filmt und filmt, mit nichts in der ausgestreckten Hand als einem Schilfkolben, oder was es ist? Und erst die Gruppe der Maler oder Zeichner, wie sie, jeder für sich, zwar tatsächlich vor ihren Staffeleien stehen, zwar tatsächliche Zeichenblöcke vor ihren Sitzhockern aufgeschlagen haben, zwar mit zünftigen Pinseln und Stiften agieren, wobei das Agieren aber ein bloßes Gefuchtel ist, knapp über Leinwand und Papier, ohne, sehe ich das recht, auf beidem je auch nur einen einzigen Strich oder eine kleine Farbbahn zu hinterlassen – ja doch, ich sehe recht. Und schaut: das Zentrum der Scheinaktivitäten, die leere Säulenhalle, wo sonst der Markt abgehalten wird –«

»– dreimal in der Woche –«

»– seit letztem Herbst bloß noch zweimal –«

»– die Säulenhalle, nur scheinbar leer, denn wenn ihr länger hinschaut, versteckt sich hinter einer jeden der Säulen jemand.«

»Sind das Kinder? Beim Versteckenspiel?«

»Kein einziges Kind steht dort hinten. Nichts als Erwachsene.«

»Junge und Alte?«

»Mehr Alte als Junge. Und auch die zwei, drei Jungen sehen eher alt aus.«

»Wie kannst du das wissen, wo sie doch alle hinter den Säulen, den dicken –«

»– typisch dorisch!«

»– versteckt sind?«

»Die haben sich nicht wirklich versteckt, und stehen auch nicht still versteckt, spielen in einem fort weiter Verstecken, recken die Köpfe links und rechts hinter den Säulen hervor, ihr Verstecktsein und dabei fortwährendes Weiter-sich-Verstecken will zugleich, jetzt und jetzt, entdeckt sein, schreit buchstäblich danach –«

»– woher weißt du das?«

»Ich weiß es.«

»Entdeckt von wem?«

»Von niemandem.«

»Versteckt vor wem?«

»Vor niemandem.«

»Seltsame Spiele. Seltsame Spieler.«

»Ja, seltsame neue Spiele. Seltsames Scheingehabe. Aber, dem Anschein nach, mitnichten ein sinnloses. Denn, schaut: Da und dort geht gerade eins dieser Spiele oder eine, wenn ihr wollt, dieser neuen Sportdisziplinen zuende, und gerade daran, wie es endet, wird, nicht wahr, klar und offenbar, daß das Gefuchtel im Leeren, das Scheinferngespräch, das Blättern, Stocken, Unterstreichen im Adreßbuch ohne eine einzige dort verzeichnete Adresse geregelt war. Und, vor allem, schaut doch: Es hat, klar und offenbar, einem jeden der Spieler was gebracht. Denn, welche Spiele und was für Sportarten sonst kennt ihr, wo die Sportler, Spiel aus, so guter Dinge, obwohl doch weder was zu gewinnen noch gar zu siegen war, vom Platz gehen, die einen mit Leucht-, die andern mit Feuchtaugen, wie noch einmal Gerettete oder zumindest Gesundete, mit frischer Unternehmenslust allesamt, zum Abschied ein wildfremder Scheinmaler einen wildfremden Scheinzeichner umarmend, sind alle die seltsamen Heiligen, wie sie jetzt hinter den Säulen hervortreten und ihre Nebensäulenheiligen halsen und herzen! Vielversprechender neuer Volkssport, zukunftsreich, Wunderwirkteich, biblischer Teich Schiloam, oder wie der heißt.«

»Es war eine Familienlegende, oder womöglich hat sich Zdeněk Adamec das nur eingebildet, daß einer der frühesten Vorfahren ein Kreuzfahrer war.«

»Ein Kreuzfahrer aus Böhmen im Heiligen Land des zwölften, dreizehnten Jahrhunderts, als Wiedereroberer von Jerusalem?«

»Auch aus Böhmen haben sich welche zu den Kreuzzügen auf den Weg gemacht, ganze Heere. Nur ist wohl kaum einer der Kreuzfahrer bis ins Heilige Land gekommen, geschweige denn bis nach Jerusalem. Und zur Familienlegende gehört auch, daß ›Adamec‹ ein Kreuzritternamen sein soll. Nur die Kreuzritter durften angeblich so heißen, und der Name ›Adamec‹ genügt jetzt noch in den Augen dieser besonderen Adamec als Beweis. Der große Stolz von Zdeněks Mutter war es, einen Adamec geheiratet zu haben, auch wenn sie dann zu dritt in einer kleinen Mietwohnung der Hochhäuserblöcke, der zehnstöckigen –«

»– *neun*stöckigen –«

»– am Stadtrand von Humpolec hausten, im Parterre, in der einzigen Wohnung dort ohne Balkon, und ihr Ritter von Adamec neben seinem Steinmetzentum auch noch der dortige Hauswart war. Dem Hörensagen nach wohnt das Paar auch heute noch unten im Turm, ›Adamec‹ steht weiter zuunterst an dem Hundertnamensklingelschild und an jedem einzelnen Tag meiner Adamec-Recherchen –«

»– Recherchen, du? Ganz was Neues!«

»– habe ich die Klingel gedrückt – keine Antwort – und jedesmal waren die Jalousien herabgelassen wie, wurde mir gesagt, seit der Zeit, als Zdeněks Sterben in den Nachrichten stand und dann Journalisten, sogar internationale, nach Humpolec reisten, um die Eltern der ›Fackel‹, des ›Fanals‹, wie sich Zdeněk selber sehen wollte –«

»– weniger verschachtelt! Weniger Nebensätze! Hauptsätze!«

»Es ist eine Zeit für Hauptsätze, und es ist eine Zeit für Nebensätze. Und es ist ein Ort für kurze Sätze, und es ist ein Ort für lange Sätze. Und es ist eine Zeit und ein Ort, und es ist ein Zeitmaß, und es ist ein Ortsmaß für ein Mischen von kurzen mit langen Sätzen, und für ein Kombinieren und ein Verschachteln von Haupt- mit Nebensätzen.«

»Wo steht das geschrieben?«

»Im Buch der Bücher.«

»Und wann ist die Zeit? Und wo solch ein Ort?«

»Jetzt zum Beispiel. Hier. – Und inzwischen kommt mir vor, die Klingel dort bei ›Adamec‹ hat erst gar nicht geklingelt. Und hört einer der früheren Nachbarn dann: ›Zdeněks Mutter hat, nicht sofort nach seinem Tod, sondern erst später, nach einem kurzen Wortwechsel mit einem Journalisten der lokalen Zeitung – ›Hochland‹ (Vysočina) heißt die, wie die Gegend –, kein Wort mehr geredet, mit niemandem mehr, auch mit dem eigenen Mann nicht. Dabei: wie war die Frau doch vorher bei uns im Viertel bekannt für ihr Reden, und zwar im Guten!, genauso wie im übrigen für ihr Zuhören. Allein ihre Stimme: eine obrigkeitliche, ja, aber eine ganz andere als die damals im Viertel noch übliche, die aus den Lautsprechern, eine herzliche. Solch eine Stimme – was für eine liebe Stimme! habe ich jedesmal gedacht – nicht laut, aber weit tragend, seltsam und selten weit, kreuz und quer zwischen den Wohntürmen, hat unsereins sich gern gefallen lassen, und mir‹, so der frühere Nachbar, ›hat sie nicht selten den Tag gerettet, oder wenigstens die Stunde verschönt, den Moment beschwingt. Ah, wie vermisse nicht nur ich diese zarte Stimme, diese zarte Autorität, ohne die verschluckten Silben von uns ewigen Untertanen und Sklaven, die Stimme in jeder Silbe klar, in jeder Silbe wahr.‹«

»Aber wie passt das dazu, daß sie den Zdeněk angeblich nie hat allein gelassen, fast bis an sein Ende?«

»Das ist nicht wahr. Seine Mutter hat ihn, wohl oder übel, immer wieder allein gelassen, wie alle Mütter.«

»Aber wie passt da dazu, daß Mutter Adamec, heißt es, ihren Sohn noch als Fünfzehn-, wenn nicht Sechzehnjährigen an der Hand zur Schule geführt hat, und zwar bis vor die Schwelle zum Klassenzimmer, wenn nicht bis vor die Schulbank?«

»Das stimmt nicht. Es ist nicht wahr.«

»Aber wenn das doch von mehreren Mitschülern und auch Lehrern bezeugt ist und deren Zeugnis publiziert wurde, vom Berliner ›Börsenkurier‹ bis sogar hin zur ›Washington Post‹?«

»Stimmt auch so nicht. Ist auch so nicht wahr.«

»Aber wie passt das dazu, daß, nach den übereinstimmenden Auskünften sämtlicher in Humpolec und Umkreis Befragten, nicht bloß die Mutter, sondern auch der Vater ihren Kreuzfahrersproß von jedem Verkehr mit jedem gewöhnlichen Gleichaltrigen, ob männlich oder weiblich, luft- und schalldicht abgeschirmt haben und daß Zdeněk bis zu seinem Flammentod weder Freund noch Freundin je um sich hatte? Gleichfalls nicht wahr?«

»Ja!«

»Ja, *wahr*, oder ja, *nicht* wahr?«

»Nicht wahr. – Wahr ist dagegen, daß Frau Adamec, als Zdeněk fast noch ein Kleinkind war, jedenfalls kein Schulkind, ihn einmal in einem Sommer in einem der Hochwälder oberhalb Humpolec', wo Mutter und Kind dabei waren, Blaubeeren zu pflücken, in einen Emaileimer –«

»– Fassungsraum zehn Liter –«

»– den kleinen Zdeněk plötzlich allein ließ.«

»Warum?«

»Ohn' Warum. – Und den ganzen Tag hockte er dort zwischen den Blaubeersträuchern, mit denen auf Augenhöhe, so klein war er noch, saß da und saß, robbte höchstens dann und wann, ohne auch nur einmal aufzustehen, zum nächsten Strauch –«

»– mutterseelenallein –«

»– später dann ja, oft und oft, aber da-dort ganz und gar nicht mutterseelenallein, fast im Gegenteil. Er saß und saß, und pflückte und pflückte, und zwischendurch schluckte er auch ein paar Beeren, und als ihm nach Jahren jener Tag wieder in den Sinn kam, war's ihm, er habe die Zeit, obwohl mitten im Wald, unter freiem Himmel verbracht, auf einer Lichtung. Aber wie er dann einmal wieder an einem Sommertag hinaufstieg zu dem Blaubeerschlag, war dort ein ziemlich dichter finsterer Fichtenwald, bei sonst überall hellichtem Sonnenschein –«

»– vielleicht ist die Lichtung mit den Jahren zugewachsen –«

»Vielleicht, vielleicht auch nicht. So oder so eine Dunkelkammer, jedenfalls auf den ersten Blick. Und trotzdem ist das dann dem Zdeněk sein Ort gewesen. Fast bis zum Schluß hat er ihn immer wieder aufgesucht, und nicht nur im Sommer. Das war der einzige Ort, wo er, zeitweise, sich zuhause fühlte. Der Tag damals zwischen den Blaubeeren galt weiterhin, und vor allem, wie das Kind Zdeněk, von der Mutter allein gelassen, vom Morgen bis zum Abend die Zeit erlebt hatte, keine Uhrzeit, nein, als Maß nichts als den Pegel der Blaubeeren im Emaileimer steigend, steigend, ›Boden unten noch stellenweise‹ –«

»– sporadisch! –«

»– sichtbar zwischen dem Blau und Schwarz, samt dem Blaugrün der noch unreifen Beeren – dann das ›Boden bedeckt!‹, magischer Ausruf der Beerensammler aller Länder, weiter der Pegelstand ›Halbvoll‹, und kurz bevor die Mutter, im letzten Tageslicht, von Zdeněk keinen Moment lang vermißt, zurückkam, in seiner Erinnerung zwischen den Bäumen daherrennend, wenn nicht -stampfend, zugleich fliegend und flatternd, das ›Voll‹ – und nicht bloß voll – ›gehäuft voll!‹« –

»– Endlich! Auch endlich die Mutter!« –

»– I wo, schon! *Schon* voll! Und *schon* die Mutter wieder zurück!«

»Gerade war das noch Alabama, und jetzt ist das schon Tennessee!?«

»Ja, so war es. So ist es, allüberall.«

»Überall?«

»Überall. Dieser Waldfleck ist dann Zdeněks erstes Zuhause geworden. Ein heimliches. Niemand andrer hat davon Wind bekommen, auch seine Mutter nicht –«

»– Wind bekommen?«

»– Wind bekommen, Wind. Aber durch die Jahre war es ihm in den Sinn gekommen, den Ort, den seinen, den geheimen, jemandem zu zeigen.«

»Einem Freund?«

»Jemand Unbestimmtem. Eher, ohne daß ihm das freilich klar geworden ist, einem Mädchen – jemand Weiblichem. Käme eines Tages die Zeit, würde er dem- oder derjenigen die Augen verbinden, gleichsam oder sogar wirklich, und im gegebenen Moment, Binde aufgeknöpft, der Person seines Vertrauens den Ort vor Augen zaubern, den Schatzort, und der andere käme, wie er, Zdeněk selber, seit damals, aus dem

Staunen nicht mehr heraus. In der Zwischenzeit so oft wie möglich allein dort hinauf, wenn auch begleitet von seinem unsichtbaren Zweiten, und es zählten dann auch nicht irgendwelche Blaubeeren oder sonstwelche Dinge als Zauber: der Ort mitten im Wald zauberte für sich schon, der Ort und vielleicht noch sein, in Zdeněks Ohren, ganz besonderer, einmaliger Wind, im Sommer genauso wie im Winter. Wann wird er endlich kommen, der Tag, an dem ich dich einweihe ins Geheimnis? Wann stehen wir einmal zu zweit hier auf meinem heimischen Boden?«

»Die Geschichte kann nicht gut ausgehen.«

»?«

»Sie klingt schon von Anfang an so, daß sie nur traurig enden kann. Es sei denn, du hast sie erfunden, und es ist keine wahre Geschichte. Aber auch so kann sie kaum halten, was sie verspricht. Die Zeit der Märchen ist vorbei.«

»Ein Märchen? Keine Angst. Die Geschichte ist wahr.«

»Bitterwahr!?«

»Wartet ab und hört zu. Und er ist gekommen, der Tag, an dem Zdeněk, schon lange kein Kind mehr, einen Zweiten mitgenommen hat zum geheimen Stammplatz. Extra auf Umwegen und eigens kreuz und quer durch finsteres Dikkicht und zuletzt womöglich noch finstereres Unterholz und Dorngestrüpp. Und unversehens dann, Augenbinde gelöst ohne ein einziges Wort oder eine Geste, ein: Schau doch, da ist es, da! Das ist es! Siehst du's? Hörst du's? Da staunst du jetzt, nicht wahr? Daß es so etwas gibt, das hättest du dir, und vor allem so nah an unserm gottverlassenen Humpolec, auch im Traum nicht erwartet, oder? Daß sie hier ist, bei uns in der Vysočina, im böhmischen Hochland, weit weg von allen großen Flugplätzen, Eisenbahnstrecken, Fußballstadien, hier, die Mitte der Welt, offen unterm freien Himmel und nach allen Welt- und Windrichtungen, was sagst du jetzt dazu? Ist das nicht der Zauberort aller Zauberorte? Eine Entdeckung? Die Entdeckung der Entdeckungen, hier!? Sag's doch. Sprich!«

»Und?«

»Kein Und. Vom andern – ob von ihr oder von ihm, das tut für die Geschichte nichts zur Sache –«

»– oder doch –«

»– ja oder doch … Wie auch immer: vom andern kein Mucks.«

»Stumm vor Staunen? Oder wenigstens ein Moment des Maulaffenfeilhaltens?«

»Schön wär's. Schön wär's gewesen. Platz für ein kleines Halleluja. Nichts da. Nichts, und wieder nichts.«

»So habe ich also recht gehabt: die Geschichte konnte nur schlimm ausgehen.«

»Recht haben gilt nicht, zumindest nicht hier unter uns –«

»– oder doch –«

»– oder ja doch, zeitweise … Wie auch immer: Zdeněk hat fortan nicht bloß keinen einzigen anderen Menschen mehr zu seinem Zauberort geführt, sondern ist auch ab diesem Tag selber nie wieder hingepilgert –«

»– recht ist ihm geschehen, denn, wie heißt es doch?: Zeig niemandem deine Heimat!«

»– Heimat? Hm. – Und es hat ihn darüber hinaus selber das Vertrauen zu dem Ort, und überhaupt den Glauben an Orte verlassen, und speziell an die draußen, im Freien, in der Natur. Ein Ort, schon als Wort, war Zdeněk Lug und

Trug, von ›Heimat‹ gleich zu schweigen. Schal das allesamt. Was ihm geblieben ist von seinem Angezogenwerden durch die Lichtung obendraußen im Hochwald, war einzig die Scham.«

»Damals hat die Scham also noch gelebt?«

»Ja, und nicht nur in Zdeněk, sondern gelebt auch unter uns andern, und außerdem ist das alles noch gar nicht so lang her … Wie auch immer: der Zdeněk der letzten paar Lebensjahre war keinmal mehr anzutreffen draußen in der Natur, vielmehr ausschließlich in Innenräumen, und da vor allem mehr oder weniger fensterlosen.«

»Im übrigen war seinerzeit an der Hochhausparterrewohnung der Adamec Family sein Fenster noch das einzige, wo ständig die Jalousie herabgelassen blieb.«

»Aber nicht bloß dort hat Zdeněk so oft wie möglich Orte aufgesucht, an denen er sich abgeschirmt fühlte von jedwedem Außenlicht. Und auch in den Innenräumen war es ihm lieb, im Dunkeln zu sitzen, und noch lieber, seltsam, im Fastdunkeln, im Dämmerschein –«

»– ›Dämmerschein‹, gibt's denn das Wort?«

»Ab jetzt gibt es das Wort. – Im Dämmerschein irgendwo, wobei es ihm nur recht war, fern der Lichtquelle zu sitzen, sie womöglich gar nicht zu kennen.«

»Sitzen, sagst du, gesessen ist er dort? Und weiter? Gesessen an oder vor was? Am Computer, nicht wahr?«

»Du sagst es. Aber genauso oft ist er auch bloß so in irgendwelchem fastdunklen Innenraum gesessen, an nichts und wieder nichts.«

»Woher weißt du das? Wo steht das geschrieben? Wo ist das publiziert? Her mit deiner Basis!«

»Ich weiß es. Zum Beispiel: Pelhřimov, das ist der Nachbarort von Humpolec –«

»– 22 Komma 4 Kilometer südlich –«

»– wohin Zdeněk jeden Morgen mit dem Bus in die Technische Mittelschule gefahren ist, und in Pelhřimov, Stadt, im Unterschied zu Humpolec, mit noch vielen alten Häusern, ist im ältesten Gebäude dort, im Kellergeschoß unten, die ehemalige Folterkammer aus dem Mittelalter zu besichtigen. Als ich dort war –«

»– Teil deiner Recherche?«

»– recherchiert euch selber! –, habe ich ›Zdeněk Adamec‹ eingraviert gefunden auf dem in der Mitte der Marterstelle ausgestellten Streckbett, wo vor Jahrhunderten die Gliedmaßen der solcherart peinlich Auszufragenden auf Biegen oder Brechen in die Länge gezogen worden sind –«

»Erspar uns die Details!«

»Gar nicht so lang zurück liegt die Inschrift auf dem Streckbett. Aber der Hüter des Hauses von Pelhřimov, er wußte nichts von einem Zdeněk Adamec. Er hat mir angeraten, den örtlichen Historiker zu befragen, den einen und einzigen von Pelhřimov/Südböhmen, mit Amtssitz Nummer soundso am Hauptplatz. – Ende der Recherche. Keine Details sonst. Außer daß ich noch eine Zeit in der Streckbettkellerkammer geblieben bin, bei ausgeschaltetem Licht. Aber ich konnte noch die eigene Hand vor Augen sehen, und später einiges mehr.«

»Basen, das? Ich habe meine Basen, und eine dieser Basen geht zum Beispiel so: Es ist erwiesen und publiziert, daß Jung Zdeněk, Computerchampion geworden, mag sein, ohne sein Wissen und Einverständnis, eins der Glieder der im ganzen Land aktiven Gruppe war, welche sich ›The Darkers‹, ›Die Verdunkeler‹, genannt hat – Ziel oder, mag sein, auch bloß

Spiel: Computerprogramme, oder wie das heißt, zu entwikkeln, kraft, mittels oder, wie ihr wollt und wie es euch gefällt, dank derer alle die offiziellen, die staatlichen, die kommunalen, so oder so obrigkeitlichen Programme außer Kraft gesetzt werden sollten, wenigstens für kurze Zeit, oder, mag sein, auch für länger, und, mag sein, in manchen der Darker-Köpfe, auch eines schönen Abends für immer. Und das Hauptaktionsfeld unserer lieben Verdunkeler: quer durch das ganze Land, von Stadt zu Stadt, von Stadtteil zu Stadtteil, und nicht allein in Prag, Brünn und Olmütz, nachts die Stromzufuhren – wegzuprogrammieren, die Lichtleitungen – umzuprogrammieren. Statt der Raster, Rhomben und Rosen des Lichts sich hinziehend, glitzernd, funkelnd, flimmernd und flitternd nächtens quer durch das Land, und weiter so von Land zu Land und von Kontinent zu Kontinent – statt ›Stadt der Lichter‹, ›City of Lights‹, ›Ville Lumière‹: Welt ohne all euer falsches Licht, nachtschwarze Welt, einzig uns verbliebenes Vaterland!«

»Wer sagt das? Von wem stammt das?«

»Keine Sorge: nicht von mir. Auszug aus dem Darker-Manifest. Und im übrigen haben sich alle die Verdunkeler – von Anfang an nie mehr als eine einstellige Zahl – längst verflüchtigt zu den Inseln unter dem Wind, Schatten jenseits der Schattenlinie.«

»Wie hat der Zdeněk ausgesehen? Wie muß man sich ihn vorstellen? Dicklich, klein, mit zwei linken Händen und Beinen?«

»Kurze blonde Haare. Groß. Kräftig. Geschickt, auch handwerklich! Der beste Schüler. Und dazu noch sportlich.«

»Wie das, wo er doch nie auf einem Sportplatz zu sehen war?«

»Kräftig und sportlich von Natur. Oder vom Sitzen im Halbdunkel beim Gegenprogramme-Austüfteln? Immer auch im Computerraum, seltsam oder auch nicht, mit besonders starkem Schuhwerk. Das einzige, was ihm am Leib geblieben ist damals nach dem Verbrennen lichterloh auf dem Wenzelsplatz, das war dieses Schuhwerk, das waren seine Gegenprogrammiererstiefel.«

»Auch du erspar uns die Details, und vor allem Interpretation und Einfühlung! Spiel hier nicht den Journalisten!«

»Zwischendurch ist Journalismus almost alright.«

»Zwischendurch ja, ausnahmsweise, meinetwegen.«

»Der Zdeněk im Dämmer, der licht- und naturvergessene, Zdeněk Adamec der Verdunkler, ist bei dem allem weiter, stärker denn je zuvor und bis zum letzten Augenblick, speziell da, der Kreuzfahrersproß geblieben. Und in dem Sinn hat er sich nicht mehr bloß vorgegaukelt, eines Tages zaubern zu können, er ist, fester im Glauben an sein Hirngespinst als je zuvor, darangegangen, es in die Tat zu verwandeln.«

»Aber hat das denn funktioniert? Welche Lichterkette hat Jung Zdeněk denn schwarz gezaubert?«

»In einer Frühlingsnacht einmal die Festbeleuchtung, die innere wie die äußere, des Hradschin oben, als in Prag eine Weltgipfelkonferenz, Thema? vergessen, eröffnet wurde, Gastgeber der einheimische Staatspräsident.«

»Ist das wahr?«

»Das ist wahr.«

»In seinem Abschiedsbrief, gerichtet an die ganze Welt, nennt Zdeněk ›Geld‹ und ›Macht‹ die Erzfeinde der Menschheit, insbesondere in der Jetztzeit. Aber kann das jeder sagen? Sogar Bill Gates, oder wer, hat gesagt, er sähe es als eine Schande an, als Geldsack, oder etwas dergleichen, zu sterben. Was ist das denn für ein Kreuzfahrertum, auf dem Banner nichts als das Dunkelmänner- und Dunkelbubentum?«

»Wenn Zdeněk von Geld und Macht schreibt, will er etwas anderes sagen als ›Geld‹ oder ›Macht‹.«

»Was?«

»Etwas anderes.«

»Übersetz das!«

»Es gibt dafür keine Übersetzung. Jedenfalls keine wörtliche. Du kannst sie nur fühlen, einzig und allein fühlen. Sowie du sie aber fühlst, dann weißt du. Und wie. Schon der Rhythmus, womit in Zdeněks Brief von der Macht und dem Geld die Rede ist, ist ein wesentlich anderer, von Grund auf verschieden von all den üblichen Sätzen und Syntaxen von Geld und Macht.«

»Fehlt jetzt nur noch das *De profundis*. Fehlt nur, daß du sagst: Dieser Brief ist ein Psalm.«

»Ja. Der Brief ist ein Psalm.«

»Ein einziges Geflehe und Gejammer?«

»Ein gewaltiger Menschenkindjammer, ein mannhaftes Flehen.«

»Mittendrin auch ein haltloses Gewimmer?«

»Ja, mittendrin ein Wimmern, ein bodenloses.«

»Und zwischendurch der Ton des Auserwähltseins, des Sprechens im Namen aller, des Vorsprechers und Vorbeters für uns alle.«

»Und zwischendurch ein Sich-selber-gut-Zureden, ja. Gerichtet nach außenhin an uns andere, im Ton dagegen an sich allein, in der Zwischendurchhoffnung, es werde so, einzig kraft des Tons, im letzten Moment doch noch sein, Zdenĕks, persönliches Schicksal gewendet.«

»Aber die Rettung, sie kam nicht. No last minute rescue.«

»Und er wollte sie dann auch nicht. Der brennende Zdenĕk hat die Feuerlöschleute von sich weggestoßen, hat, halb verkohlt und zugleich noch lebendig auf der Tragbahre, sich vom Sauerstoffgerät weggedreht.«

»Schaut doch, dort draußen bückt sich gerade jemand nach einem Pack verlorener Windeln oder was!«

»Wo hat Zdeněk das Benzin gekauft, die fünf Liter? Mit welchem Geld? Taschengeld der Mama? Und hat er sich bei der Klosettfrau noch die Zähne geputzt?«

»Kinder- oder Erwachsenenwindeln?«

»Und schaut: ein Straßenschild mit der Aufschrift WINDSAUSEN. Oder sollte ich mir die Brille aufsetzen? Andrerseits: wie tut das Sehen gut ohne den ewigen öden Scharfblick. Nichts mehr, was in die Augen springt. Wohltat der Unschärfe. Mein' Sach auf nichts gestellt!«

»Immer wieder im Leben das Bedürfnis, mich zu Boden zu werfen. Oder mich wenigstens hinzuknien. Und bis heute habe ich das nicht geschafft, kein einziges Mal.«

»Immerhin habe ich heute noch niemandem die Hand geben und keinen auf die Wangen küssen müssen. Und immerhin gibt es inzwischen wieder mehr Papiersäcke als Plastiksäcke.«

»Und ich zu mir heute früh im Spiegel: ›Der hat mir noch gefehlt!‹«

»Mich hat allein der Gedanke an einen Korb voller Äpfel aus dem Bett gescheucht.«

»Es war alles schon schlimmer.«

»Ja, und schöner.«

»Ich habe genug gesehen.«

»Genug gesehen: gibt's das?«

»Es gibt einen Vogel, dessen Ruf höre ich immer als ›Zdeněk! Zdeněk!‹«

»Heute gehe ich nirgends mehr hin. Heute stelle ich mich nirgends mehr an. Heute sitze ich nur noch, und sitze, und sitze. Ah, mein Sitztanz!«

»Sooft ich mir vornehme, nicht enttäuscht zu sein, bin ich umso enttäuschter.«

»Schaut, ja gibt's denn so was: da trägt einer sich selber Huckepack! Und schon wieder ein Defilee der Fremdenlegion, kein Ende abzusehen. Und dort, die Wäscheklammern verrottet an der Leine, der leeren, leer schon seit Jahren, seit Jahrzehnten. Und schaut, die Markise am einzigen Fenster des Friedhofshauses. Und, schaut doch, das Kind dort am hintersten Horizont, mit Hüpfschritten!«

»Wie kannst du das so weit weg erkennen?«

»Einen Hüpfschritt sieht man wo auch immer.«

»Es gibt also noch Hüpfschritte!«

»Und alle, die über mich den Kopf geschüttelt haben tagsüber. Nie wieder Kopfschüttler!«

»Ja, die Bösen werden nie zornig. Daran sind sie zu erkennen.«

»Wo sind wir hier eigentlich?«

»Im Heartbreak Café.«

»Und du bist wer?«

»Der Barmann, der ehemalige.«

»Beim Gespräch mit der Klosettfrau des Prager Busbahnhofes am frühen Morgen des sechsten März zweitausendunddrei war es das letzte Mal, daß Zdeněk den Mund aufgemacht hat. Von dort ist er dann mit dem Rucksack zu Fuß die zwei, drei Kilometer südwärts Richtung Wenzelsplatz gegangen. ›Leicht bewölkter Himmel, minus ein Grad. Bilder fliegen ihm zu: Humpolec, hoher blauer Himmel, stumme Häuser, viel Grün, die Erdgeschoßwohnung, Mutter und Vater. Bilder der Technischen Mittelschule in Pelhřimov, der Marktplatz mit Brunnen und Erkern, alles Lüge, viel zu schön. Bilder von der letzten Busfahrt, wo sich der Wald noch einmal öffnet, so daß Zdeněk Adamec zurückschauen kann, um Abschied zu nehmen von Humpolec, eingeschlossen zwischen Hügeln – vielleicht der Grund, daß niemand dort gewohnt ist, weit zu schauen –‹«

»– wer sagt das?«

»So hat es in der Zeitung gestanden. Und weiter: ›Ein leichter Wind treibt den Morgenfrost durch Zdeněk Adamec' wattierte Jacke, als dieser die Treppe vor dem Nationalmuseum hinaufsteigt, um sein Leben auszulöschen in einem kurzen gewaltigen Schmerz. In der Hand hält er einen rosafarbenen Plastikeimer, darin fünf Liter Benzin, kein Deckel, es ist ihm egal, daß es überschwappt. Im Rucksack, den er nun ablegt, steckt ein Abschiedsbrief. Der Inhalt steht auch im Internet, sein Leiden sucht einen Sinn. Er überschüttet sich mit Benzin und klettert hinauf zu einem schmalen Sims, vier Meter unter ihm die Neonröhren von Sony, Olympus, McDonald's, die eine Stunde nach Ende der Dämmerung immer noch leuchten. Sie bestärken Zdeněk Adamec in dem Gefühl, jetzt gleich das Richtige zu tun. Kein guter Tag für die junge Republik Tschechien.‹«

»Das kann nicht aus einer tschechischen Zeitung stammen.«

»Nur ein Weltblatt kommt in Frage.«

»›Das ist die Tat eines mehr oder weniger Verrückten. Nicht rational im Unterschied zu den Selbstverbrennungen Jan Palachs und Jan Zajíc' gegen die Sowjetpanzer. Zdeněk Adamec' Tat hat nicht dieselbe Legitimation, has not the same legitimacy.‹«

»Und wer sagt das?«

»Ein Kommentar im Radio Prag. – ›Sich heutzutage zu verbrennen paßt nicht in unseren historischen Kontext.‹«

»Und wer sagt das?«

»Ein Experte. – ›Will man etwas ändern, muß man am Leben bleiben. Solcherart Manifestation ist unnotwendig und fehl am Platz, unnecessary and inappropriate.‹«

»Und wer hat das gesagt?«

»Der seinerzeitige Staatspräsident.«

»Ich hatte von Zdeněks letztem Weg einen Traum: Er ging da mit einer Feder im Haar und hielt eine Landkarte aufgefaltet in den Händen, eine Wanderkarte, von irgendwo, von gleichwo, jedenfalls eine Wanderkarte, mit noch und noch Details, eingezeichnet darin jedes kleinste Rinnsal, sogar einzelne Bäume, eine steinerne Feldhütte, eine Tropfsteingrotte mit Vorzeitzeichnungen. Und das Studieren dieser Landkarte machte dem Zdeněk Beine, und wie! Beine aber nicht, um draufloszumarschieren, sondern um abzuzweigen, Abzweigung um Abzweigung. Und er ist dabei unterm Himmel gegangen. Jedenfalls habe ich ihn so gesehen.«

»Und weiter?«

»Nichts weiter.«

»Und wenn er nicht gestorben ist, so zweigt er noch heute ab, und ab unter dem Himmel.«

»Ja. So ist es.«

»Halleluja.«

»Halleluja. – Und jetzt fällt's mir wieder ein: Im Traum hat der Zdeněk bei einer jeden Abzweigung gejauchzt, und jedesmal ist dabei aus der Moldau ein riesiger Hecht gesprungen, mit weißem Bauch.«

»Trauerjauchzer wie Trauerjodler?«

»Keine Interpretation! So war's doch ausgemacht für unser Spiel, oder?«

»Ja, so war es abgemacht.«

»Hatte der Zdeněk denn keinen Schutzengel?«

»Ja. Aber er wollte mit dem nichts zu tun haben.«

»Im Augenblick, da er starb, rollte da nicht über die Moldaubrücken ein unendlicher Verkehr?«

»Ja.«

»Ah, alle die Aktualitäten, ob böse oder weniger böse. Es ist, als ob es nur noch Aktualitäten gäbe, und hinter tausend Aktualitäten keine Welt.«

»›Wenn ich meinen Leib hingebe, auf daß ich gerühmt werde, habe aber die Liebe nicht, bin ich nütze zu nichts.‹«

»Wer sagt das? Wer so spricht, gehört nicht zu uns. Oder doch?«

»Zdeněk hatte eine angeborene Zornesader an der Schläfe. Ein Mädchen – eine Maid –«

»– man needs a maid –«

»– hat sie ihm dann wegmassiert. Die Maid verschwand. Die Ader brach frisch hervor.«

»Als Kind war Zdeněk überzeugt, alle seine Wünsche würden in Erfüllung gehen.«

»Wie viele Wünsche hatte er denn?«

»Ein, zwei. Und auf seinem letzten Gang hatte er noch einen dritten.«

»?«

»Daß ihn jemand anrempeln möge. Warum, Himmel, rempelt mich keiner?«

»Woher weißt du das?«

»Vom Wind. Vom Dieb oben im Apfelbaum.«

»Ein-, zweimal im Leben habe ich in mir eine Kraft gespürt, einen Toten ins Leben zurückzurufen. Ihn zurückzuschreien. Komm heraus, Lieber! Komm herauf, Liebe!! Auf, Jalousie!!! Und einmal habe ich mich, ohne Absicht, bekreuzigt in einem leeren Zimmer.«

»Mein Elend kommt vor allem daher, daß ich nicht aufhören kann, nicht und nicht, dort zu suchen oder zu erwarten, wo sich einmal etwas gefunden oder ereignet hat.«

»Und wenn der Mensch in seiner Qual verstummt, wo bleibt der Gott, zu sagen, was er leidet?«

»Warum schlägst du dich jetzt wie ein Wilder auf beide Wangen?«

»Das habe ich von einer indianischen Gesichtsmaske, in deren zwei Wangen je eine Maus sich eingebohrt hat. Und das heißt, dem Menschen da fressen die Mäuse da gerade die Seele auf. Und ich prügle mir analog Mäuse und Seelenfraß aus den Wangen.«

»Und du, warum reißt du dich wie ein Wilder hinten am Haarschopf?«

»Weil ich mich weghieven, weglupfen möchte von hier, ganz woandershin. Ja doch, irgendwohin abzweigen, wo ein unbekanntes Spiel gespielt wird, mit von Grund auf, von Alpha bis Omega, neu zu erfindenden Regeln!«

»Dageblieben! Da ist es!«

»Achte Zeile waagrecht, fünf Buchstaben: ›Sich dem Unbekannten stellen‹?«

»›Wagen‹!«

»Es gab eine Zeit, da habe ich gegen die Schwärze im Äußern wochenlang nur Milch getrunken, hochzeitskleidweiße, quittenblütenweiße.«

»Und hat's geholfen? – Keine Antwort ist auch eine Antwort.«

»›Unsere Zeit‹? Kein Schade um die Menschen. Aber schade um das schöne Wort ›Zeit‹. Zeit, ›die Zeit‹ ist etwas anderes. Man schämt sich, heute zu leben. Und insofern hat die Scham doch überlebt, da und dort, oder? Oder nicht?«

»Wenn es mich zu keiner Gesellschaft mehr hinzieht, was habe ich dann auf Erden noch verloren?«

»Und wenn es keine Gesellschaft mehr gibt? Was dann?«

»Ja, was dann?«

»Nieder mit euch Endzeitlern, euch Heiligen der Letzten Tage ohne Tag! Es ist doch alles gut. Besser nicht möglich. Jedes Ding an seinem Platz. Der Herr hat's gegeben, der Herr hat's genommen, gelobt sei der Name des Herrn in Ewigkeit, amen. Und schaut, alle die Rassen draußen, und schaut, alle schön. Und alle die Weiberärsche … Habe *ich* das gerade gesagt?«

»Ja, du.«

»Das Leben ein Traum … – Und schaut –«

»Er kann's nicht lassen –«

»Und schaut, der Affe dort in der Tanne, ein Affe in einem Nadelbaum! Und der Zwerg auf der Landstraße – ein Zwerg auf einem Highway! Und, da schau her, ein Kind, das erstmals im Leben einen Reißverschluß zieht.«

»Zu oder auf?«

»Auf und zu.«

»Könnte man, wie man von Neymar sagt: ›Das Kind von Rio‹, von Zdeněk Adamec sagen: ›Das Kind von Humpolec‹?«

»Nein. – Ja.«

»Und schaut, ein gerade weggeworfener Christbaum, mitten im Sommer. Ist denn Sommer? Und da, der Wirbelwind von Frühlingsblüten im Rinnstein. Warum immer dort? Experte her für den Blüten-im-Rinnstein-Wirbelwind!«

»Keine Wetterentwicklung zu erwarten in der Nacht, und anhaltendes Schneien fino alla fine dello stato, bis zur Staatsgrenze.«

»oh, summer wine …«

»Und schaut jetzt, ein Rückwärtsgeher – ein Rückwärts*läufer*. Und jetzt gleich mehrere Rückwärtsläufer, ein ganzer Pulk! Und hört jetzt, in der Stille: Zikaden. O Delphi! O Dodona!«

»Zikaden? Ein schadhafter Automotor? Und gleich wird der ausfallen.«

»Aber schaut, jetzt, das Riesentransparent auf dem endlosen Buskonvoi: LA SEMAINE DU DEVELOPPEMENT DURABLE. Die Woche der dauerhaften Entwicklung. Und, seltsam: dazwischen, mitten im Konvoi, ein ganz anderer Bus, mit einem ganz anderen, kleinwinzigen Transparent: P-R-O-S-I-M, N-E-U-D-E-L-E-J-T-E Z-E M-E B-L-A-Z-N-A. Bitte, haltet mich nicht für einen Narren.«

»Der Traum ein Leben.«

»Feldspat, Gneis und Glimmer.«

»Buntsandstein, Muschelkalk und Keuper.«

»Glocken und Zyanen, Thymian und Mohn, / Ach ein fernes Ahnen hat das Herz davon …«

»Feldspat, Gneis und Glimmer. Buntsandstein, Muschelkalk und Keuper. Glocken und Zyanen, Thymian und Mohn!«

Am Morgen des sechsten März zweitausenddrei hat Zdeněk Adamec, laut meiner Recherche, vor seinem Aufbruch zum Wenzelsplatz der Klosettfrau des Busbahnhofs ›Florenc‹ in Prag noch von einem kleinen Hügel inmitten der Wohnturmsiedlung am Stadtrand von Humpolec erzählt. Es war das eher nur ein begraster Schuttkegel, übergeblieben aus der Bauzeit. Aber im Winter, bei Schnee – ausgiebig im Hochland, auf der Vysočina –, hat der Hügel, kaum ein, zwei Stockwerke hoch, den Kindern der Siedlung als Schlittenbahn gedient.

Auch Zdeněk hat da gerodelt, in Gesellschaft genauso wie allein, noch und noch. Den Schlitten hinaufgezogen und hinuntergesaust, und wenn's nur für ein paar Meter war, für zwei, drei Sekunden: was für eine Freude, was für ein Gejauchze. Sie jauchzten damals dort alle, die Neusiedlungskinder der neunziger Jahre des zwanzigsten Jahrhunderts. Und obwohl es steil hinaufging, machte dem Zdeněk das Schlittenziehen die gleiche Freude wie dann das Fahren. Er wollte nicht weg von dem Hügelchen, wollte, auch wenn die Mutter rief, nicht und nicht heim. Hinauf und hinunter, hinunter und hinauf, und immer der letzte sein, der einzige, der schon tief in der Dämmerung und dann in der Nacht, der hellen, schneehellen, schneeblauen, Schlitten fuhr, kein Kinder-, aber auch kein Erwachsenenschlitten, nichts als Schlitten, und er als sein Teil, er, der Zdeněk Adamec, aus Humpolec, Böhmen, Welt, Universum.«

»Es ist nicht wahr, daß Zdeněk kein Spieltalent hatte. Ebenso ist es nicht wahr, daß er Angst vor jedem ihm zugespielten Ball hatte, daß er der Kugel, auch wenn die langsam auf ihn zurollte, panisch auswich. Wahr ist vielmehr, daß Zdeněk ein Ballvirtuose gewesen ist, ein unvergleichlicher. Ihr hättet ihn sehen sollen, wie er, allein auf dem Platz, sich den Ball zuspielte, sich die Kugel zuspitzte, zuspitzte die Kugel!, links – rechts, rechts – links!«

»Achtung, Alleinspieler!«

»Soll heißen: ›Hüte dich vor den Alleinspielern!‹?«

»Ja. Ihr Spiel verlockt zum Mitspielen. Nur ist es dafür nicht gedacht. Nicht geeignet. Führt in die Irre. Nicht bloß hat es keine Regeln: es stellt sich, mitten im schönsten Spiel, o Schreck, o Graus, als unspielbar heraus – kein Weiterweg, kein Ausweg – und das nicht nur für uns andere, sondern auch für den Alleinspieler in Person. Achtung, liebe Alleinspieler: Lebensgefahr.«

»Jetzt erinnere ich mich: Zdeněk, der als der beste Mathematiker der Schule galt, sollte einmal für seine Klasse ein Spiel erfinden, ein Abenteuerspiel, eine noch nie so eingefädelte Schnitzeljagd, samt endlicher Auflösung. Aber sein Jagdplan dann paßte hinten und vorn nicht zusammen. Sein Gemeinschaftsspiel ging nicht auf, und am Ende stand jeder von uns für sich allein verirrt, außer Rufnähe zum andern, irgendwo in den böhmischen Wäldern, wie für allezeit, nicht nur für die Spielzeit, verloren. Zdeněks Spiel: kein Gewinner. Alle Verlierer. Alle verloren.«

»Nicht doch, Freunde. Nur keine Moral, und schon gar keine Moralitäten!«

»Er ist immer unter meinem Fenster vorbeigegangen.«

»Immer?«

»Immer. Oder nein. Jetzt erinnere ich mich. Einmal ist er stehengeblieben, hat einen Arm ausgestreckt, den Handteller offen.«

»Und?«

»Er ist lange so gestanden. Dann ist eine Feder von weit oben herabgetrudelt, direkt ihm in die Hand.«

»Und?«

»Er hat die Feder in die andere Hand genommen und ist mir nichts, dir nichts weitergegangen.«

»Hat Zdeněk je geschrieen?«

»Er hat nicht schreien können.«

»Schrei, Zdeněk!«

»Auf seinem letzten Weg, vom Busbahnhof zum Wenzelsplatz: wieviel Neues ist doch an dem Morgen geschehen!

Wie viele Läden, wie viele Geschäfte haben zum ersten Mal geöffnet, und nicht nur in Prag. Hat er denn keine Augen dafür? Augen auf, Zdeněk!«

»Dafür singt dann jemand, in der letzten Kurve, zu einem offenen Fenster hinaus: Halleluja! Aber es ist noch trauriger als das Hallelujah Leonard Cohens. Kein Jubel im Gesang, geschweige denn ein Jubelchor.«

»Und in der letzten Kurve hat er sich doch etwas Bestimmtes gewünscht!«

»Was?«

»Einen schwarzen Himmel. Weg mit dem Licht! Weg mit RED BULL! Dark Bull! Nichts da. Es herrschte Lichtzwang.« –

»Seit zwanzig Jahren will ich endlich ein vornehmes Leben führen, aber –«

»Was für eine Unternehmungslust packt mich jedesmal beim Landkartenstudieren. Dann aber –«

»Draußen dort die Spruchbänder mit ›Woche der dauerhaften Entwicklung‹. Warum nicht ›Die Woche der alten Hemden‹? ›Der Monat der unzusammengehörigen Socken?‹

»Ein Rückwärtsgeher jetzt. Und jetzt ein Rückwärtsläufer. Mehrere! Ein Pulk von Rückwärtsrennern!«

»Schaut, das Rot der Kirschen!«

»Ja, der böseste Nachbar hat die rötesten Kirschen.«

»Seltsam, alle die Mundbewegungen der Passanten draußen: asynchron.«

»Woher weißt du das?«

»Ich weiß es.«

»Seit dreißig Jahren habe ich mir geschworen, über nichts mehr den Kopf zu schütteln. Und jetzt schüttle ich ihn öfter und öfter.«

»Hört, hört: ein Vagabund dort auf der Großen Straße, der Trompete bläst. Und sein Mitlandstreicher Posaune!«

»Und dort, im horizontweiten Trümmerfeld: der Trümmermann. Ein Trümmerpriester!: aus den zertrümmertsten der Trümmer schichtet er, klein-klein, etwas zusammen: einen Trümmeraltar!«

»Und schau, da stöbert einer kopfüber in der Abfalltonne. Rückenaufdruck auf seinem Shirt: EDEN PARK.«

»Und hört doch, der eine, wie er unter denen, die kreuz und quer in ihre i- und smart-Phones schreien, ganz ohne was mit sich selber redet, nicht etwa in sich hinein, nein, genauso lauthals wie alle die andern, bloß ohne was in der Hand, mir nichts, dir nichts, wie er Unverständliches – welch ein Glück! – hinausposaunt in den Luftraum, oder werweißwohin. Es gibt also noch welche, die mit sich selber reden, Dank sei Gott!«

»Und jetzt, viel zu spät, doch noch ein Blutspender. Ein Greis auf Krücken mit dem Blutspendeabzeichen aus dem vergangenen Jahrhundert.«

»Und dort, die Endstation. Aussteigende aus dem Bus wie aus einem vollen Jumbo-Jet. Das Aussteigen hört und hört nimmer auf. Aber kein einziger Abholer.«

»Ja, seltsam: es werden immer weniger Leute abgeholt.«

»Da, zwei Läufer, und sie erzählen! Läufer, die einander was erzählen!«

»Und was erzählen sie?«

»›Mein Vater wurde zuletzt immer weniger.‹ – ›Meine Mutter dagegen –‹«

»Man erzählt, daß Zdeněk seiner Mutter eines Tages, aus dem heiteren Himmel heraus, vorgeworfen hat, ihn in diese Welt gesetzt zu haben.«

»›Man erzählt‹? Nichts da. Wahr ist freilich, daß er die Mutter etwas dergleichen hat hören lassen. Aber das hat er gesagt nicht im Ernst, es gehörte zu einem seiner Experimente. Und die Mutter hat sich erst gar nicht darauf eingelassen. Sie hat ihren Sohn auf der Stelle ausgelacht. Und dann hat sie ihn gepackt, und die beiden sind durch die Wohnung und hinaus in den Hof getanzt, und dann noch weit darüber hinaus!«

»Und jetzt erzähle ich: von Zdeněk und seinem Vater, dem Steinmetz. Der Zdeněk hat dem schon früh bei der Arbeit geholfen, und hat sich da auch geschickt angestellt. Nur gab es danach ewig das gleiche Problem: der Sohn hat die Werkzeuge nach der Arbeit, hat Hammer und Meißel undsoweiter, kein einziges Mal an ihren Platz zurückgestellt oder gelegt, sooft ihm der Vater das auch verwies mit jedesmal wüsteren Flüchen, zuletzt gar Verwünschungen: ›Des Teufels bist du, Zdeněk!‹ Und Zdeněk hat die Sachen nicht bloß so verlegt, gedankenlos. Er hat, sooft er, sagen wir, die Feile oder das Stemmeisen an einen ganz anderen Platz als den angestammten tat, absichtlich, mit dem Gedanken gespielt, das Ding an einem anderen Platz würde unversehens eine andere Ordnung, eine neue, eine unerhörte, offenbaren, eine noch nie und nirgends aufblitzende Möglichkeit, und das nicht bloß für ihn, den Zdeněk Adamek, allein! Sein ›die Dinge an einen anderen Platz! Einen neuen Platz für jedes Ding!‹ war ihm ein ernstes Spiel, das ernsthafteste der Spiele.«

»Halte Ordnung, liebe sie, die Ordnung spart dir viele Müh'.«

»Ja, mit dem Zdeněk war kein Staat zu machen. Oder doch?«

»Ein jeder hat die Eltern, die er verdient.«

»Da geht eine alte Frau, mit schwerem Arsch, von Kopf bis Fuß gehüllt in ein Trauergewand.«

»In Trauerlumpen!«

»Ich habe genug gesehen.«

»Wie kann man bloß solch einen Blödsinn sagen!«

»Was zeichnest du da in die Luft?«

»Einen Fluchtweg.«

»Und?«

»Und?«

»Und?«

»Zeichne weiter, kleiner Träumer, zeichne weiter.«

»Was steht auf dem Zettel, den du gerade aufgeklaubt hast?«

»Ich heirate nächste Woche und muß noch den ganzen Garten antitetanisieren! – ›Das unvergleichliche Rauschen der regulierten Flüsse!‹ – ›Verschwende deine Zeit, so hast du in der Not!‹ – ›Glorie reimt sich auf Weh, und Weh auf Glorie!‹ – ›Es ist noch Glanz in meinem Bernstein!‹ – ›Ein partieller Weltuntergang von Zeit zu Zeit kann nicht schaden.‹ – ›Licht an in deinen Achselhöhlen!‹«

»Ja, da schau her: ein Briefträger, der freihändig radelt. So leichte Post? Oder gar keine?«

»Das Schälen eines Apfels genügt, und ich weiß: Ich bin auf dem besten aller denkbaren Planeten.«

»Sag das noch einmal, und ich schlag dir den Schädel ein!«

»Ach, geht's uns gut!«

»Und da schau her: die arme ewige Braut!«

»Warum arm?«

»Ja, warum eigentlich?«

»Sie hat rote Haar', feuerrote Haar' sogar.«

»Eine der Inschriften, die Zdeněk für seinen Vater in einen Grabstein gemeißelt hat, steht kopfunter, und das war Absicht.«

»Und da schau her: eine Schneeflocke, eine einzelne, und so groß! Fast hätte ich gesagt: ein Schneeflock!«

»In einem anderen Traum ist mir einmal das Gute so … so … mächtig vorgekommen.«

»Wann hat dir das geträumt?«

»Lang ist's her.«

»Ja, die singende junge Nonne damals in der Kirche von Humpolec, so – wundertätig eintönig, nur am Ende der eine Halbton höher: Warum hat sie das Wunder nicht am Zdeněk gewirkt?«

»Wünschte der es denn, das Wunder?«

»Ja doch: bis zum letzten Moment, und besonders da.«

»Woher weißt du das jetzt wieder? Recherche?«

»Ich weiß es.«

»Blas aus jetzt, Zdeněk!«

»Märzenbecher, Schmerzensbrecher.«

»Und jetzt: das große Heimleuchten? Das ultimative?«

»Heillose Ordnung!«

»Ich wollte noch was sagen.«

»Sag's!«

»Jetzt weiß ich's nicht mehr. Plötzlich weiß ich nicht mehr.«

Musik. Großes Orchester. Bloßes Einstimmen, anschwellend.

– ENDE –

Juli 2019